AF242685

LE FAUX ET LE VRAI

LE FAUX

ET

LE VRAI

PAR

François NOLIS

PARIS.

IMPRIMERIE DE CHARLES NOBLET

RUE SOUFFLOT, 18

1875

LE

FAUX ET LE VRAI

En écrivant ces pages, nous n'avons pas la prétention de corriger les hommes et de faire que les peuples de l'Europe ne soient point comme affolés. D'autres avant nous ont tenté cet effort ; et ceux-là avaient des noms autorisés. Nous ne sommes point écrivain, nous venons comme simple ami de la vérité, comme citoyen dévoué à son pays, dire à nos concitoyens : « Arrêtez-vous dans la voie funeste où vous êtes entrés : c'est le chemin du mensonge. » La voie de la vérité n'est point étroite comme on se plaît à le dire ; elle est large, spacieuse, et elle seule conduit à cette liberté sage que vous enviez et pour laquelle l'homme est créé.

Le vieux monde s'effondre, disent les révolutionnaires !

Oui, il s'effondre ; mais point sous le poids de la vétusté, il s'effondre sous l'imposture qui règne en souveraine et dont vous vous êtes faits les courtisans.

Et vous tous, qui par indifférence ou par nonchalance suivez ces terrassiers du désordre, sans songer à la catastrophe qui vous engloutira, vous, la patrie et la famille, arrêtez-vous !

L'abîme est autour de vous et vous ne le voyez pas. Il est là, béant, terrible, *quærens quem devoret*, ainsi que dit l'Ecriture. Et, celui qu'il dévorera ne sera pas l'individu isolé, ce sera le peuple privilégié, la nation, le pays tout entier ! L'Europe est son point de mire.

Cet abîme, c'est la révolution ! voilà le faux.

Le catholicisme soutenu par la royauté ! voilà le vrai.

Nous parlerons d'abord de la France.

C'est sur elle que l'Europe tient les yeux attachés. De son triomphe dépend l'avenir de l'Europe ; à sa chute sera attaché le cataclysme le plus épouvantable : n'en doutez point.

Aux yeux de la révolution, son grand crime, c'est d'être chrétienne. L'Europe elle-même lui en veut de son attachement à l'Eglise, et surtout au Saint-Siége. Or, voulez-vous connaître quelques-uns des services que les papes ont rendus à l'Europe ?

Ils l'ont délivrée

Au cinquième siècle, des Huns et des Vandales;

Aux huitième et neuvième siècles, des Lombards ;

Aux neuvième, dixième et onzième siècles, des Sarrasins;

Aux onzième et douzième siècles, des invasions musulmanes ;

Au quatorzième siècle, des Tartares;

Au quinzième siècle, de Mahomet II, maître de Constantinople et méditant la ruine de la chrétienté;

Au seizième siècle, de la domination musulmane.

La France a été partout victorieuse tant qu'elle s'est montrée le soutien de la papauté.

A l'heure présente, les révolutionnaires veulent, sous prétexte de libéralisme, éteindre chez elle le flambeau de la foi. Ils savent que c'est par là qu'ils la perdront. Ils déclarent que la France chrétienne piétine depuis un siècle dans le sang et dans la boue. Si elle piétine dans le sang, c'est eux qui l'ont répandu ou fait répandre :

Voyez 93 et ses suites, 48 et son orgie, 1870 et ses sanglantes saturnales !

Nous ne parlerons pas de cette campagne monstrueuse organisée pour le bien-être des radicaux, se gorgeant et faisant bonne chère pendant que les monarchistes allaient au feu.

L'histoire appréciera.

L'ennemi extérieur n'était pas le plus à craindre. L'ennemi intérieur, la révolution, qui, à la faveur de l'anarchie, déployait librement ses ailes de chauve-souris, était le plus redoutable. La Prusse avait en elle son auxiliaire la plus dévouée.

L'infâme trahison des faux hommes d'Etat du 4 septembre qui se tenaient à l'abri des balles en se partageant les caisses, acheva d'anéantir la France.

La voix du canon Krupp tonnait sans cesse, et la mitraille qu'il vomissait pleuvait sur Paris ; mais, le monstre rouge était pire ! Qu'importait à ces hommes que la France fût vaincue, pourvu qu'ils demeurassent les maîtres ? Ils s'esquivaient en ballon, lançaient des proclamations ; en un mot, ils exploitaient à leur profit la triste et douloureuse situation dans laquelle ils avaient euxmêmes plongé leur patrie. S'ils voulaient la guerre à outrance, c'était pour s'en servir. Et la voix du canon tonnait si fort, qu'on n'entendait pas le bruit de leurs fausses clefs et des coffres qu'ils vidaient. Ils s'intitulaient sauveurs, et le peuple bête, qui espérait sa part d'un butin imaginaire, saluait ces escobards du pouvoir affublés de galons.

Ils avaient trouvé une étiquette pour leur baraque : *Gouvernement de la défense nationale*. Entre eux ils se moquaient de ceux qui voulaient sincèrement défendre la patrie. Ceux-là, c'étaient les naïfs ! Avec ces cinq mots de Gouvernement de la défense nationale, n'ont-ils pas jeté assez de poudre aux yeux ?

Ainsi, le 22 janvier 1871, ce fut le même spectacle scandaleux qu'au 31 octobre. Les chefs préparaient déjà le 18 mars.

Un gouvernement d'aventure et d'aventuriers pouvait-il ne pas prêter la main à la sédition qui allait pour ainsi dire consacrer son vol et le rendre légal ?

Ils voulaient bien égorger la patrie et se bâtir une hutte sur ses ruines fumantes, mais ils ne voulaient pas arrêter les Delescluze, les Pyat et consorts. Ils auraient été fratricides, car ceux-là osaient ce qu'ils conseillaient dans leurs comités secrets. Quant à eux, ils ne se préoccupaient que de l'organisation des ateliers de gardes nationaux de toute provenance qu'ils armaient jusqu'aux dents sous prétexte de défendre la patrie. Ils ramassaient tous les bandits qui se présentaient, hommes sans aveu comme eux, et qui avaient besoin du crime pour se procurer une existence.

Tous leurs actes n'ont-ils pas prouvé clairement que le régime populaire est la honte et la ruine d'une nation ?

La liberté qui n'est pas régie par la morale a été et sera toujours la licence. La liberté pour nous ! vociféraient-ils. Et ils emprisonnaient et assassinaient ceux qui ne pensaient pas comme eux !

C'était le règne du faux !

Oui, Français, tout ce que prêchent ces ambitieux de bas étage est faux. Ils vous disent qu'ils font le bonheur du peuple ; mais ils ne cherchent qu'à s'en faire un marchepied. Quand donc la lumière luira-t-elle à vos yeux ? Quand reconnaîtrez — vous la fausseté de leurs pamphlets démagogiques ?

Et ces trois mots vides de sens qu'ils inscrivaient en lettres noires sur tous les monuments : *Liberté*, *Egalité*, *Fraternité* !

Quelle dérision !

Comme ils doivent vous trouver imbéciles de vous laisser, à chaque nouvelle période révolutionnaire, prendre à ces mots dignes de la phraséologie avocassière vide de sens !

On pourrait presque dire que ces ambitieux

intrigants se devinent ou se reconnaissent à certains signes mystérieux qui leur permettent de s'observer jusqu'à ce que leur intérêt les décide à une alliance ou à une hostilité déclarée.

La République, cette utopie des peuples modernes, n'est plus même une illusion d'optique. Les meneurs savent, à n'en pas douter, qu'elle est impossible en Europe et en France en particulier. Seulement, ils se servent du mot pour faire peur aux uns, éblouir les autres, en tout cas et en toute occasion, pour vivre aux dépens du pays.

La République a toujours abouti à la guerre civile quand elle n'a pas commencé par là.

La République, c'est la Commune avec toutes ses horreurs : incendies, fusillades, guillotine, noyades, et tout cela à courte échéance.

Vous l'avez cependant expérimenté plus d'une fois et vous ne voulez pas le croire.

Ils ont des yeux et ils ne voient point !

Cette démence persistante d'aveuglement est peut-être le plus grand châtiment que Dieu inflige à une nation !

Les ennemis du dehors savent si pertinemment que la République est la ruine de la France, qu'ils font tous leurs efforts pour la maintenir. Les Pyat, les Delescluze ont fait leur joie ; M. Thiers, avec sa politique d'oscillation, donnant sans cesse des gages aux radicaux, les a entretenus dans leur sécurité ; le général de Mac Mahon, prenant l'épée de la France, a subitement changé leur joie en frayeur ; qu'un Roi ou un Empereur vienne à balayer demain tous ces démocrates faméliques, leur frayeur se changera en terreur.

Adieu la République, adieu leur auxiliaire !

Du jour où les Français, nation essentiellement monarchique, auront reconstitué la monarchie, la Prusse fière et hautaine commencera à compter avec elle.

Tous les maux qui pèsent sur la France sont un châtiment. Ce châtiment, c'est la peine du 21 janvier 93.

Jour néfaste pour la France !

Un ciel brumeux, glacé, ne laissait apercevoir qu'à quelques pas les forêts de piques et de baïonnettes rangées en haies immobiles, depuis la place de la Bastille jusqu'au pied de l'échafaud sur la place de la Révolution (1). Cette double muraille d'acier était renforcée par une armée mouvante, composée des gardes nationaux, de fédérés et de troupes de ligne qui avaient fraternisé avec les affreux renégats de cette triste époque. Des canons braqués, chargés à mitraille, les mèches fumantes encore, surveillaient aux principales embouchures des rues la ligne du cortége.

(1) Aujourd'hui place de la Concorde.

La terreur régnait dans Paris : le silence était profond. Nul ne disait sa pensée à son voisin. Les physionomies même étaient impassibles sous le regard du délateur ; quelque chose de machinal se remarquait dans les visages, dans les gestes et dans les regards de cette multitude. On eût dit que Paris avait abdiqué son âme pour trembler et pour obéir.

Ce forfait était tel que la conscience révolutionnaire se troubla devant cet échafaud qui venait de répandre le sang du roi !

Depuis, le monde a marché !

Au lendemain de la Commune, au lendemain de l'assassinat des prisonniers de la Roquette, il y eut bien un cri d'effroi ; mais il n'y eut pas un cri d'étonnement. Le virus démagogique est inoculé d'une façon trop profonde dans les masses pour permettre à la conscience d'une nation de se réveiller soudainement.

L'Internationale, qui, ne pouvant abolir Dieu, cherche à détruire la famille, file depuis longtemps son œuvre de destruction !

Son but n'est plus le trône et la couronne ; son but, c'est l'Église !

A l'heure qu'il est, cette société étend ses filets sur l'Europe entière. Elle s'adresse aux princes pour la soutenir, et les princes lui font une large part. Grâce à elle, ils ruineront le catholicisme

dans leurs États et dans ceux des voisins. Or,
ceux-ci, privés du cordial qui les soutient, seront
bien vite en leur puissance.

La marche rapide de l'Internationale est ef-
froyable. Pensez-y. Son œuvre est terrible.

Les statuts de Genève s'expriment ainsi :

« Art. 1ᵉʳ. L'association internationale a pour
« but l'affranchissement complet de la classe ou-
« vrière. Le règlement provisoire, du 8 septem-
« bre 1864, dit : Les travailleurs doivent conqué-
« rir leur émancipation, et anéantir la domination
« de toutes classes.

« La domination bourgeoise, c'est l'esclavage
« du prolétariat. »

(Journal l'Internationale, 5 septembre 1869.)

« L'Église et la bourgeoisie se coalisent pour
« une œuvre d'imposture et d'ignominie. »

(Journal le Mirabeau, 24 avril 1870.)

« L'Internationale, c'est le triomphe prochain
« des travailleurs sur les ruines du capital mono-
« polisé entre les mains des bourgeois, c'est la
« moralisation forcée de ces derniers par le tra-
« vail et la juste distribution de ses produits. »

(Journal l'Égalité, 29 janvier 1860.)

« Le prolétaire, asservi, affamé, outragé, se

« révolte contre l'oppression écrasante du capital.

« Le sol, cause première de l'existence de l'hu-
« manité, les machines, produits collectifs de
« plusieurs générations, sont monopolisés entre
« les mains de quelques capitalistes qui détiennent
« les moyens d'existence de toute une popu-
« lation ;

.« La loi donne au capitaliste le droit de réduire
« par la faim le prolétaire à la servitude. »

(Manifeste de la section de Paris aux ouvriers
lors de la grève du Creuzot.)

Nous poursuivons nos citations :

Le congrès de Genève déclare « que l'assujet-
« tissement du travailleur au capital est la source
« de toute servitude politique, morale et maté-
« rielle. »

En quoi, nous vous le demandons, le travailleur est-il assujetti au capital? En ce qu'il a
besoin de lui pour avoir des salaires ? Bien ! mais
ce capital, lui aussi, est assujetti tout autant aux
travailleurs, puisqu'il a besoin d'eux pour produire un revenu.

Ce n'est pas nous qui voulons le prouver. C'est
l'Internationale elle-même, dans le journal du
20 février 1869, où nous lisons ce qui suit :

.. « L'interruption du travail des mines, si elle

« se prolonge au delà de quelques semaines, doit
« avoir pour conséquence de ruiner les bourgeois ;
« les fourneaux, les fonderies, etc. Et la cessa-
« tion du travail entraînera des pertes incalcu-
« lables. »

Telles sont les maximes de ces prétendus protecteurs du peuple.

Que conclure ?

Est-ce que le riche et la classe laborieuse ne
sont pas solidaires ? Si le riche ne fait rien sans
l'ouvrier, que fera l'ouvrier sans le riche ? Ils ont
besoin l'un de l'autre, comme le paralytique et
l'aveugle de la fable.

Le vrai principe de toute sociabilité n'est pas
dans la prétendue fraternité, mais dans la charité.

Qui apprendra la vraie charité ?

La religion chrétienne !

D'après elle, les princes, comme les plus pauvres, sont soumis à la même loi. Le toit du pay-
san est protégé par les mêmes lois qui protégent
le palais du millionnaire. La propriété de l'un se
transmet d'après les mêmes lois que la propriété
de l'autre.

Jamais la classe paisible et laborieuse n'a gagné
à se lancer dans les aventures politiques. Et,
chaque révolution ou mouvement social n'a fait

que retarder le progrès et la liberté après laquelle on soupire.

Nous voudrions, une fois pour toutes, que tous ces agitateurs de club, qui ont sans cesse le mot d'égalité à la bouche pour tromper les honnêtes travailleurs, voulussent bien nous expliquer ce qu'ils entendent par égalité sociale. Oh ! si la classe laborieuse savait comprendre quel tort lui causent tous ces ambitieux qui exploitent tous ses vices et tous ses mauvais penchants ! Ces charlatans exaltent les pauvres ouvriers, parce qu'il leur faut des agitations et des révolutions : le malheureux ouvrier les seconde dans leur marche impie, parce qu'on lui a promis de devenir riche sans travail !

Les crèches, les salles d'asile, les bureaux de bienfaisance sont là pour prouver la différence qui existe entre ces faux amis du peuple et ses véritables protecteurs et frères, ceux qu'anime le sentiment chrétien.

La haine du clergé et de l'Église leur fait vociférer partout que le prêtre est votre ennemi, classes laborieuses !

Nous ne prendrons pas la peine de réfuter ce mensonge. Nous vous dirons seulement : regardez et jugez. Un bon arbre se reconnaît au fruit. Qu'ont promis les uns ; qu'ont fait les autres ?

Qu'on nous permette maintenant de citer un

exemple sur la puissance énorme du travail, non-
seulement pour enrichir, mais pour moraliser
aussi les natures les plus perverties :

« En 1605, dans les mers du pôle Sud, les
« navigateurs hollandais découvrirent les pre-
« miers un immense continent, de tout côté en-
« touré d'eau et grand à peu près comme les
« quatre cinquièmes de l'Europe ; il mesure
« 4,500 kilomètres de long sur 2,500 kilomètres
« de largeur. Pendant le dix-septième siècle, les
« Hollandais et les Anglais reconnurent tous les
« contours de cette île énorme, qui n'était habitée
« que par des peuples sauvages, vivant dans un
« état d'abrutissement complet : on l'appela
« Australie.
« C'est seulement vers 1788 que, pour la pre-
« mière fois, les Anglais résolurent d'y fonder
« un établissement, et savez-vous lequel ? Les
« législateurs anglais résolurent de déporter dans
« cette île éloignée du monde, tous les voleurs,
« les assassins et les scélérats de toute espèce
« condamnés par les tribunaux pour crime, et
« dont le séjour, dans les prisons du royaume,
« était à la fois une dépense excessive pour le
« budget anglais et un danger pour le pays.
« Les législateurs anglais pensèrent, avec rai-
« son, que le système de la déportation dans des

« colonies éloignées aurait double avantage, et de
« purger le pays des renégats dangereux, et
« peut-être, en rendant ces hommes à la vie libre
« et à un travail obligatoire de les moraliser.

« Ce fut alors dès 1788 que le gouvernement
« anglais se décida à faire transporter à un point
« de la côte d'Australie, appelé Botany-Bay, tous
« ces convictes que vous appelez en France ré-
« volutionnaires. Hommes et femmes, par mil-
« liers, furent transportés en Australie.

« Ce gibier de potence n'était pas, vous le
« voyez, la fleur de la société, et quant à
« leurs richesses, elles consistaient uniquement
« pour chacun dans ses deux bras et son intelli-
« gence. En conséquence, le gouvernement an-
« glais leur distribua des terres, des semences et
« des instruments de travail : pendant quelque
« temps seulement, il eut également à les nour-
« rir, puis il les abandonna à eux-mêmes, sous
« la surveillance d'une forte armée. Ce nombre
« d'individus assez considérable jouissaient plei-
« nement de cette égalité sociale, en vue de la-
« quelle quelques-uns peut-être avaient commis
« des crimes. Que pouvait devenir cette multi-
« tude énorme de véritables bêtes féroces, lâchées
« en pleine liberté, tous paresseux, ignorants,
« vicieux, débauchés, sans religion et sans autres
« instincts que les instincts du mal ?

« Il s'est passé là un phénomène si extraordi-
« naire qu'on a peine à le croire !

« Voyez donc ce que peuvent produire la né-
« cessité et la puissance du travail, ainsi que
« l'amour de la patrie...

« Écoutez quel miracle ces deux mobiles peu-
« vent opérer chez les natures même les plus
« désespérées :

« Tous ces hommes de mauvais principes sont
« devenus d'honnêtes gens ; obligés d'abord de
« vivre, puis, pour cela, de se supporter les uns
« les autres, ils ont compris que, pour la sécurité
« de leur travail, il leur fallait de l'ordre ; ils ont
« fait de l'ordre ; il leur fallait une autorité, ils
« ont créé une autorité.

« De plus, ils ont compris que, pouvant s'enri-
« chir par le travail, les hommes vertueux de-
« vaient être protégés contre les paresseux. Bref,
« ils ont d'eux-mêmes, sans que le gouverne-
« ment anglais s'en mêlât, fait une constitution,
« un gouvernement régulier, des lois organisées,
« créé une force armée et tribunaux ; en un mot,
« tout ce qui existe naturellement dans ce vieux
« univers et parmi les sociétés bien organisées.
« Et cela pourquoi ?

« Parce que tout cela est nécessaire pour pro-
« téger les faibles contre les forts, les travailleurs
« contre les fainéants, les économes contre les

« prodigues ; enfin, les honnêtes gens contre les
« scélérats.

« Voyez donc, peuple européen, à quel point
« sont importantes toutes ces institutions dans
« la nature des choses ; c'est par une population
« tout entière de criminels, de chenapans de la
« pire espèce qu'elles ont été établies.

« Ils ont fait là, sans y être obligés autrement
« que par la force des choses, ce qui a été fait et
« pratiqué depuis l'origine des sociétés humaines
« dans toutes les agglomérations d'hommes. Eh
« bien, voulez-vous savoir où en est aujourd'hui
« cette population pernicieuse de voleurs et d'as-
« sassins?

« Elle s'est si admirablement moralisée, a si
« bien élevé ses enfants, si bien travaillé, acquis
« tant de richesses, a fondé des villes, des routes,
« des canaux, des fabriques, des chemins de fer,
« des arsenaux, et donné le spectacle d'une telle
« activité morale, industrielle et agricole, que,
« sur sa demande, le gouvernement anglais a
« cessé depuis 1840 d'y envoyer les criminels, et
« qu'aujourd'hui la colonie, divisée en quatre
« provinces, se gouverne elle-même avec un
« parlement composé de deux Chambres, et sa
« milice ne coûte plus un sou à la mère-patrie
« et fournit amplement à toutes ses dépenses.
« Eh bien, messieurs, qu'est-ce qui a opéré de

« telles merveilles, si ce n'est pas l'amour du
« travail et l'amour de la patrie ! »

Le travail est le moyen régénérateur.

La foi est l'auxiliaire infaillible de cette régéné-
ration.

Il y va de la vitalité de l'Europe.

Enfin, à ces mangeurs de prêtres qui signa-
lent au peuple le clergé comme son ennemi, nous
dirons ceci :

La puissance de l'ancien clergé a été injuste-
ment attribuée à son ambition. Ses richesses ont
servi au perfectionnement social.

L'excommunication a été légitime.

L'ancien clergé a résisté aux superstitions.

Le droit d'asile dans les églises pendant le
moyen âge a été indispensable. Le clergé l'a res-
treint successivement.

La tolérance des prêtres pour les personnes a
été aussi grande que vraie.

L'Eglise a constamment maintenu la discipline
au sein du clergé.

Les croisades ont été fécondes en résultats.

Notre ancien clergé a combattu avec ardeur les
passions, les vices des rois et des grands.

Par contre :

Les apôtres de la révolution n'ont jamais été
et ne sont que des charlatans sanguinaires qui

se servent des classes besogneuses comme d'un marchepied.

Peuple, vous avez vu à l'œuvre les uns et les autres : choisissez.

Maintenant, à nos compatriotes — les Belges, — nous déclarons formellement que nous sommes les défenseurs non-seulement de notre chère patrie, mais aussi de la religion et de la royauté.

Chez nous aussi les écrits malfaisants ont été semés à profusion afin de semer dans les masses ce poison délétère qui ronge aujourd'hui toutes les classes sociales.

L'action des libéraux n'a point fait autant de mal qu'en France. L'exemple de la Commune en France a été comme salutaire pour nous. Les libres-penseurs ont applaudi ; mais la masse des Belges est restée fidèle au trône et à l'autel.

Aussi amoureux de la liberté que les Français, nous en jouissons avec sagesse, conciliant la royauté avec nos désirs d'indépendance.

Nous disons donc à nos compatriotes : Persévérez dans cette conduite sage, respectant votre roi et la religion. La vérité est là. Le faux est dans les doctrines contraires.

Sans orgueil nous le répétons et avec nous les grandes puissances qui nous observent : « Nous sommes un peuple heureux ! » Nous comprenons la liberté parce que nous limitons la liberté individuelle par la liberté de tous. Cette liberté nous est d'autant plus chère que ce sont nos ancêtres qui l'ont conquise.

Favorisés par la Providence dans le premier monarque que nous avons eu et qui, pendant sa vie, a eu l'honneur d'être le conseiller de tous les souverains de l'Europe, nous sommes gouvernés avec la même sagesse par son fils Léopold II.

Notre pays, si fertile, si riche, n'est pas grand, mais il est envié de tous. Nous vivons à l'abri d'une sage Constitution qui protége également libéraux et catholiques.

Et, si, dans ces derniers temps, on a vu des émeutes scandaleuses lors des processions, à qui devons-nous nous en prendre? Aux francs-maçons, aux républicains soudoyés par l'Internationale !

Mais le peuple, au jugement sain et droit, a fait prompte justice de ces affamés de désordre. Il sait d'où partent les coups et il les méprise.

Chez nous, Belges, la royauté et la religion sont étroitement liées l'une à l'autre. L'une par l'autre elles se soutiennent ; et c'est de cette heureuse alliance que vient le bonheur qui règne dans toute l'étendue de notre petit royaume.

Nous en avons l'espoir, ces tentateurs démagogues qui veulent corrompre le peuple, échoueront dans leurs efforts criminels. Il y va de notre intérêt à tous de nous raidir contre les séductions du mensonge. Le faux nous environne, nous l'avons démontré. Sauvegardons la voie du vrai, afin qu'elle ne soit pas envahie par l'erreur.

La France a une épée vaillante à opposer aux perturbateurs : elle a celle de l'illustre maréchal de Mac Mahon ! Nous avons le roi Léopold II qui a hérité des qualités de son père. Que l'un prépare l'avénement d'une royauté qui seule peut réparer les désastres qui accablent la France ; que l'autre, attentif comme par le passé à veiller sur les intérêts de son peuple, maintienne sa couronne.

Le temps est aux orages.

La tempête secoue les trônes.

Que les catholiques se serrent autour du trône : le trône protégera l'autel. Montrons-nous fiers d'être comme le dernier asile de la foi catholique. Nous avons la vérité pour nous, voilà notre force.

Voici maintenant comment tout peuple peut être heureux, et comment nous comprenons la liberté et notre bonheur. L'origine de Bruxelles date du huitième siècle d'après les anciens auteurs. Alors saint Géri, évêque d'Arras et de Cambrai, fonda une chapelle dans une petite île formée par la Senne, et cette île, qui n'était qu'un marécage (en flamand *breecksel*), donna son nom au bourg qui, avec le château de Borgval, devint le bourg de Bruxelles. Sa position agréable fut choisie pour résidence par les ducs de Basse-Lorraine.

Il est vrai de dire que nous n'avons pas pris la plume pour faire les éloges de notre race, mais bien pour réchauffer les tièdes et affermir nos compatriotes bien pensants dans la voie qu'ils suivent.

Nous jouissons en paix des libertés que nos ancêtres ont conquises et que nous avons su sagement conserver. Oui! un bel avenir à nos enfants est réservé, à la condition que ces deux sentiments : la religion et la famille, soient le but de leurs aspirations.

Car enfin, en 1830, qu'est-ce qui a causé la chute du roi Guillaume, si ce n'est son système rigoureux de fusion qu'il avait continué en Belgique? Alors le prince d'Orange, fils aîné du roi, accourut, promettant des réformes que son père refusa, se qui rendit toute conciliation impossible. Si bien que le 20 juin (1832) le prince Léopold de Saxe-Cobourg fut, à l'unanimité, proclamé roi des Belges. Il épousa la princesse Louise d'Orléans. Ce sage roi, pendant trente-quatre ans, a été le bienfaiteur de son peuple et, pour ainsi dire, de l'Europe entière, à cause de ses conseils éclairés.

Chaque citoyen eût donné sa vie pour lui. Aussi son souvenir est resté profondément gravé dans tous les cœurs, et nous, avec la nation entière, nous déplorons la douloureuse perte de cette lumineuse figure.

Ainsi disait Mentor à Télémaque : « Heureux « le peuple qui est conduit par un sage roi. Il « est dans l'abondance, il vit heureux et aime « celui à qui il doit tout son bonheur. » C'est ainsi, ajoutait-il, « ô Télémaque, que vous devez « régner et faire la joie de votre peuple si jamais « les Dieux vous font posséder le royaume de « votre père. Aimez vos peuples comme vos en- « fants, goûtez le plaisir d'être aimé d'eux, et « faites qu'ils ne puissent jamais sentir la paix « et la joie sans se ressouvenir que c'est un bon « roi qui leur a fait ces richesses présentes. »

Pourquoi vivons nous dans une tranquillité si appréciée d'abord ? Parce que nous savons distinguer le bien du mal.

Léopold II continue avec un heureux succès les grandes œuvres de son père. En effet, aujourd'hui ne voit-on pas sur toute l'étendue de notre territoire les grandes voies qui s'ouvrent; partout s'élèvent des monuments gigantesques : les Halles centrales et la nouvelle Bourse.

Ajoutons que les arts et les lettres y fleurissent parce que, l'ordre y régnant, nous n'avons pas de préoccupations politiques. Le commerce y est libre. Enfin, il règne une liberté illimitée qui ne blesse en rien la liberté particulière. Ses places publiques sont ornées des statues de nos plus grands hommes, celle du roi Léopold Ier, et enfin celle de Godefroy de Bouillon, l'illustre vainqueur de Jérusalem.

Dans toutes les directions de la Belgique, on y admire des églises d'une rare beauté, toutes sculptées d'une fine dentelle.

Hâtons-nous d'ajouter que les fêtes religieuses sont profondément estimées et recherchées dans notre pays.

Leur célébration a donné mainte fois lieu aux plus sympathiques démonstrations et aux enthousiasmes les plus convaincus. Ces processions : la classe laborieuse fait tous les efforts pour y envoyer ses enfants ; les hommes de toute classe sont imbus du sentiment religieux ; les négociants ne regardent pas à une dépense pour faire orner la façade de leurs maisons de verdure et de fleurs.

Ces démonstrations catholiques nous ont attiré les plus vives critiques et les insultes les plus violentes. Mais qu'importe ! les insultes des démocrates et des libres-penseurs sont notre plus bel éloge !

Nous ne laissons donc pas ignorer que nous sommes catholiques et que le sang qui coule dans nos veines est le sang chrétien. Par cela même, nous avons la résolution de tirer bon parti de tous ces mécontents, qui cherchent à fomenter des troubles et qui ne s'agitent que pour le mal.

Il est considérable, le nombre d'hommes sans aveu qui ont cherché avec leurs idées séditieuses à nous entraîner dans l'anarchie. Mais, fort heureusement, cela n'a pas pris racine chez nous, parce que nous sommes trop conservateurs pour nous laisser influencer par les assertions calomnieuses et les déclarations furibondes contre l'Eglise et la Royauté.

Nous demandons à ce que, protégés par la loi, les riches soient maintenus dans la possession de leurs biens ; et que les pauvres, protégés contre les entreprises des riches, apprennent à s'estimer eux-mêmes, et à chérir une des plus belles constitutions dont puisse jouir un peuple sage. . . . . .

Ajoutons à notre conclusion l'expression du vœu que nous aimons à former, savoir : que les hommes éclairés et vertueux de tous les pays se réunissent, et, qu'animés d'un noble dévouement et laissant en dehors du sanctuaire de leur réunion tous les germes de division qui ne peuvent naître que d'un sentiment personnel étranger à la chose publique, ils forment entre eux une pacifique et sainte corporation du sein de laquelle, comme d'un foyer universel, jaillissent et se projettent sur toute la surface de son sol les purs et bienfaisants rayons du soleil de la civilisation moderne : la justice et la vérité !

FIN.

3179. — Imprimé par Ch Noblet, rue Soufflot, 18, Paris.